1학년 1학기
급수표

받아쓰기

스쿨존에듀
SCHOOLZONE

1학년 1학기 급수표 받아쓰기

ISBN 979-11-92878-09-6 63710

초판 1쇄 펴낸날 2023년 4월 20일
초판 5쇄 펴낸날 2024년 8월 10일

펴낸이 정혜옥 ‖ 기획 컨텐츠연구소 수(秀)
표지디자인 **twoesdesign.com** ‖ 내지디자인 이지숙
마케팅 최문섭 ‖ 편집 여유나 이은정

펴낸곳 스쿨존에듀
출판등록 2021년 3월 4일 제 2021-000013호
주소 04779 서울시 성동구 뚝섬로 1나길 5(헤이그라운드) 7층
전화 02)929-8153 ‖ 팩스 02)929-8164
E-mail **goodinfobooks@naver.com**

초등학교 입학 후 첫 도전, 받아쓰기 시험

받아쓰기 급수표! 정답 다 알려주고 치르는 시험이지만 아이도 엄마도 여간 떨리는 게 아닙니다. 첫 시험이니까요. 어떻게 공부하면 받아쓰기 시험에서 만점을 받을 수 있을까요? 점수 자체가 중요해서라기보다 태어나 처음 치르는 학교시험이라는 점에서 높은 점수는 아이의 자존감을 살리고 학교생활에 자신감을 불어넣어 줍니다. 그러니 이왕 치르는 시험, 잘 준비하여 좋은 점수 받으면 좋겠지요? 집에서 조금만 신경을 써 줘도 큰 효과를 볼 수 있습니다.

학교에서 받아쓰기 급수표를 나누어주는 이유가 무엇인지 생각해 보아요. 집에서 연습하고 오라는 뜻입니다. 그렇다면 이 급수표를 어떻게 활용하면 좋을까요? 제대로 익히는 과정 없이 곧바로 불러주면 아이에게 부담줄 수 있으니 단계적으로 연습시켜야 해요. <1학년 1학기 급수표 받아쓰기>는 학교에서 나눠주는 '급수표'에 초점을 맞추어 숙련된 엄마표 방식을 덧붙였습니다. 이런 방식으로 시켜 보니 아이도 재밌어하고 받아쓰기 시험도 만만해졌답니다.

교과과정의 시스템을 따라가며 집에서 보완하는 공부가 진정한 엄마표 홈스쿨링의 목표인 만큼 아이들이 적극적으로 참여하도록 재미있는 놀이터와 소리내어 읽기, 따라쓰기를 반복하면서 철자가 자연스럽게 몸에 밸 수 있도록 구성하였습니다.

일러두기

- 각 학기별 초등 국어 교과서가 바탕입니다.
- <큰소리로 읽고> <여러 번 쓰고> <연습시험을 보는> 기본 3단 형태
- 전국 초등학교의 받아쓰기 급수표 참조, 가장 자주 나오는 유형을 모았어요.
- 가장 많이 사용하는 15급 기준! 단원별로 주 1회 받아쓰기를 대비해요.
- 읽기 4번, 쓰기 3번을 권하지만 무리하지는 마세요. 재밌고 쉽게 하는 게 원칙이에요.
- 학교별로, 선생님별로 받아쓰기를 보지 않거나 줄여서 보는 경우도 있어요. 단원 제목을 기준으로 찾아보세요.
- 칭찬은 많이, 구체적으로! 칭찬은 없던 자신감도 생기게 해요.

맞춤법 공부는 이렇게 해요~ 스르륵스르륵!

"한글 맞춤법은 표준어를 소리 나는 대로 적되, 어법에 맞게 함을 원칙으로 한다." (한글맞춤법 총칙 제1항)

받아쓰기와 맞춤법 공부는 떼놓을 수 없는 단짝이지요. 힘겹게 연필을 쥐고, 더듬더듬 읽고, 자기도 알아볼 수 없는 글자를 쓰는 어린 아이들에게 맞춤법까지 잘하라 하기에는 너무 가혹합니다. 소리와 다른 철자, 아무리 외워도 헷갈리는 띄어쓰기, 요상하게 생긴 문장부호 등은 외우는 데도 한계가 있습니다. 아이들이 틀린다고 나무라지 마세요. 자꾸 반복해 읽고, 보고, 들으며 공부하는 수밖에 없습니다.

우리말에는 소리와 생김새가 같은 말도 있지만, '국어'(구거)처럼 소리와 생김새가 다른 말도 많고, '내' / '네'처럼 소리는 같지만 뜻이 다른 경우들도 많이 있습니다. 아래 표 속의 어휘들이 그런 예입니다. 부모님들이 읽고 설명해 주세요.

【받침이 넘어가서 소리나는 경우】	【서로 닮아가며 소리나는 경우】
꽃이 ➡ 꼬치	공룡 ➡ 공뇽
꽃놀이 ➡ 꼰노리	설날 ➡ 설랄
꽃다발 ➡ 꼳따발	앞마당 ➡ 암마당
악어 ➡ 아거	앞머리 ➡ 암머리
어린이 ➡ 어리니	국물 ➡ 궁물
지갑에 ➡ 지가베	
웃어요 ➡ 우서요	
【받침이 2개인 경우】	【글자와 다르게 소리나는 경우】
많다 ➡ 만타	손등 ➡ 손뚱
맑다 ➡ 막따	눈사람 ➡ 눈싸람
여덟 ➡ 여덜	해돋이 ➡ 해도지
앓다 ➡ 알타	같이 ➡ 가치
밝았다 ➡ 발간따	묻히다 ➡ 무치다
넓어서 ➡ 널버서	등받이 ➡ 등바지
끓여서 ➡ 끄려서	

아래 표는 소리도 생긴 것도 비슷하지만 다르게 쓰는 사례예요. 어쩔 수 없이 외워야 하죠. 그렇다고 무조건 외울 수는 없습니다. 자주 보고 읽다 보면 문장 속에서 어떻게 쓰이는지 자연스럽게 익히게 된답니다. 헷갈리기 쉬운 말, 사이시옷이 들어가는 낱말 등도 계속 읽고 쓰며 반복하다 보면 익혀지니 겁먹지 마세요.

발음이 비슷하지만 뜻은 다른 말	낳다/낫다/낮다 짓다/짖다 짚다/집다 맡다/맞다 섞다/썩다 갖다/같다/갔다
모양이 비슷해서 헷갈리는 말	왠-/웬- 며칠/몇일(×) 알맞은/알맞는(×) 윗-/웃- 없다/업다/엎다
사이시옷이 들어가는 낱말	나뭇잎/냇가/바닷가/노랫말/등굣길/하굣길/빗소리
쉽게 틀리는 낱말	육개장/떡볶이/찌개/희한하다/얘들아/얘기
자주 헷갈리는 낱말	비로소(비로서×)/아무튼(아뭏든×) /덥석(덥썩×)

컨텐츠연구소 수(秀)

자음자, 모음자를 읽으며 바르게 써 보세요.

ㄱ	ㄱ	ㄱ	ㄱ
ㄴ	ㄴ	ㄴ	ㄴ
ㄷ	ㄷ	ㄷ	ㄷ
ㄹ	ㄹ	ㄹ	ㄹ
ㅁ	ㅁ	ㅁ	ㅁ
ㅂ	ㅂ	ㅂ	ㅂ
ㅅ	ㅅ	ㅅ	ㅅ
ㅇ	ㅇ	ㅇ	ㅇ
ㅈ	ㅈ	ㅈ	ㅈ
ㅊ	ㅊ	ㅊ	ㅊ
ㅋ	ㅋ	ㅋ	ㅋ
ㅌ	ㅌ	ㅌ	ㅌ

ㅍ	ㅍ	ㅍ	ㅍ
ㅎ	ㅎ	ㅎ	ㅎ
ㅏ	ㅏ	ㅏ	ㅏ
ㅑ	ㅑ	ㅑ	ㅑ
ㅓ	ㅓ	ㅓ	ㅓ
ㅕ	ㅕ	ㅕ	ㅕ
ㅗ	ㅗ	ㅗ	ㅗ
ㅛ	ㅛ	ㅛ	ㅛ
ㅜ	ㅜ	ㅜ	ㅜ
ㅠ	ㅠ	ㅠ	ㅠ
ㅡ	ㅡ	ㅡ	ㅡ
ㅣ	ㅣ	ㅣ	ㅣ

자음과 모음을 연결해 읽으며 바르게 써 보세요.

	ㅏ	ㅑ	ㅓ	ㅕ	ㅗ	ㅛ	ㅜ	ㅠ	ㅡ	ㅣ
ㄱ	가	갸	거	겨	고	교	구	규	그	기
ㄴ	나	냐	너	녀	노	뇨	누	뉴	느	니
ㄷ	다	댜	더	뎌	도	됴	두	듀	드	디
ㄹ	라	랴	러	려	로	료	루	류	르	리
ㅁ	마	먀	머	며	모	묘	무	뮤	므	미
ㅂ	바	뱌	버	벼	보	뵤	부	뷰	브	비
ㅅ	사	샤	서	셔	소	쇼	수	슈	스	시
ㅇ	아	야	어	여	오	요	우	유	으	이
ㅈ	자	쟈	저	져	조	죠	주	쥬	즈	지
ㅊ	차	챠	처	쳐	초	쵸	추	츄	츠	치
ㅋ	카	캬	커	켜	코	쿄	쿠	큐	크	키
ㅌ	타	탸	터	텨	토	툐	투	튜	트	티
ㅍ	파	퍄	퍼	펴	포	표	푸	퓨	프	피
ㅎ	하	햐	허	혀	호	효	후	휴	흐	히

1학년 1학기 받아쓰기 급수표

(1급) 1단원 바른 자세로 읽고 쓰기

① 나
② 너
③ 우리
④ 아기
⑤ 아버지
⑥ 어머니
⑦ 우리 가족
⑧ 선생님
⑨ 친구
⑩ 바른 자세

(2급) 1단원 바른 자세로 읽고 쓰기

① 거미
② 나무
③ 참새
④ 제비
⑤ 연필
⑥ 지우개
⑦ 가위
⑧ 우리 학교
⑨ 바지
⑩ 바구니

(3급) 2단원 재미있게 ㄱㄴㄷ

① 가지
② 나무딸기
③ 도토리
④ 모과
⑤ 노란 레몬
⑥ 복숭아
⑦ 사과
⑧ 앵두
⑨ 참외
⑩ 그네

(4급) 2단원 재미있게 ㄱㄴㄷ

① 콩
② 포도
③ 토마토
④ 호박
⑤ 저고리
⑥ 치마
⑦ 주머니
⑧ 가방
⑨ 고라니
⑩ 재미있게

(5급) 3단원 다 함께 아야어여

① 도라지
② 고구마
③ 기차
④ 구름
⑤ 오소리
⑥ 하마
⑦ 여우
⑧ 코스모스
⑨ 웃음소리
⑩ 꼬부랑 할머니

(6급) 4단원 글자를 만들어요

① 우리 모두
② 다 같이
③ 노래해
④ 손뼉을
⑤ 도시
⑥ 우유
⑦ 두루미
⑧ 고추
⑨ 끝나는
⑩ 개나리

(7급) 4단원 글자를 만들어요

① 병아리
② 잠자리
③ 머리
④ 코
⑤ 고마워요
⑥ 어두운
⑦ 걸어가면
⑧ 개굴개굴
⑨ 넘어질까 봐
⑩ 비추어 줘요.

(8급) 5단원 다정하게 인사해요

① 학굣길에 만나면
② 얘들아 안녕
③ 헤어지기 전에
④ 인사 나눕시다
⑤ 반갑습니다.
⑥ 안녕하세요?
⑦ 어서 오렴.
⑧ 냠냠 먹기 전에
⑨ 싫어 싫어
⑩ 집으로 갈 때도

(9급) 6단원 받침이 있는 글자

① 손수건
② 줄넘기
③ 깡충깡충
④ 폴짝폴짝
⑤ 새하얀 솜사탕
⑥ 구름 놀이
⑦ 어슬렁어슬렁
⑧ 예쁜 꽃이
⑨ 나랑 같이 놀자.
⑩ 아이, 깜짝이야.

(10급) 6단원 받침이 있는 글자

① 동동 아기 오리
② 못물 위에 둥둥
③ 화분
④ 칠판
⑤ 필통
⑥ 보름달
⑦ 글자동물원
⑧ 거꾸로
⑨ 꽂지 마시오
⑩ 탈출할 수도

(11급) 7단원 생각을 나타내요

① 잠을 잡니다.
② 책을 읽습니다.
③ 놀이터에서 놀아요.
④ 두꺼비가 콩쥐를
⑤ 물을 마십니다.
⑥ 이를 닦습니다.
⑦ 자라가 토끼를
⑧ 북을 칩니다.
⑨ 밧줄에 묶여
⑩ 용궁으로 갑니다.

(12급) 7단원 생각을 나타내요

① 세수 안 해도
② 주룩주룩 소낙비
③ 손바닥 위에
④ 작은 돌멩이
⑤ 꽃잎은 좋겠다
⑥ 풀밭에서
⑦ 껍데기 속으로
⑧ 꼼짝도 안 해요.
⑨ 만들어 주셨어요.
⑩ 움직이기 시작했어요.

(13급) 8단원 소리 내어 또박또박 읽어요

① 내가 네 형님이냐?
② 울고 계세요.
③ 잘 되었구나!
④ 꾀를 내어
⑤ 침착하게 대답했어요.
⑥ 꼭 전해 드려라.
⑦ 따뜻할 때
⑧ 놀러 올래?
⑨ 복실이예요.
⑩ 참 예쁘다!

(14급) 8단원 소리 내어 또박또박 읽어요

① 간지러워요.
② 빌려 달래요.
③ 어디를 가든지
④ 크레파스 써도 돼!
⑤ 같이 가자.
⑥ 정말 그럴까?
⑦ 도망을 칩니다.
⑧ 외투를 벗어야지
⑨ 단단히 여며야겠군.
⑩ 겨루어 볼까?

(15급) 9단원 그림일기를 써요

① 해님이 웃는 날
② 아침에 비가 왔다.
③ 세 번 굴렸는데
④ 더 연습해야겠다.
⑤ 바람이 시원한 날
⑥ 찰흙으로 토끼를
⑦ 숙제를 하고 잤다.
⑧ 깃발은 한 개만
⑨ 사과를 먹었어.
⑩ 칭찬받았다.

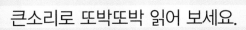

★ 1급 1단원 바른 자세로 읽고 쓰기

① 나

② 너

③ 우리

④ 아기

⑤ 아버지

⑥ 어머니

⑦ 우리 가족

⑧ 선생님

⑨ 친구

⑩ 바른 자세

읽었어요!

①	②	③	④

공부한 날 _____ 월 _____ 일

11

나

너

우 리

아 기

아 버 지

어머니

우리 가족

선생님

친구

바른 자세

1급 잘 듣고 받아쓰기

불러 주는 문장을 듣고 연습한 내용을 떠올리며
써 보세요.

①

②

③

④

⑤

⑥

⑦

⑧

⑨

⑩

칭찬해 주세요!		
잘했어요	훌륭해요	최고예요

불러 주는 문장을 듣고 연습한 내용을 떠올리며
써 보세요.

①
②
③
④
⑤
⑥
⑦
⑧
⑨
⑩

칭찬해 주세요!		
잘했어요	훌륭해요	최고예요

그림에 알맞은 낱말을 선으로 이어 보세요.

 •

• 할머니

 •

• 할아버지

 •

• 언니

 •

• 아기

★ 2급 1단원 바른 자세로 읽고 쓰기

❶	거	미					
❷	나	무					
❸	참	새					
❹	제	비					
❺	연	필					
❻	지	우	개				
❼	가	위					
❽	우	리		학	교		
❾	바	지					
❿	바	구	니				

읽었어요!

①	②	③	④

공부한 날 _____ 월 _____ 일

거 미

나 무

참 새

제 비

연 필

지 우 개

가 위

우 리　학 교

바 지

바 구 니

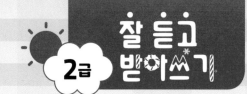

잘 듣고 받아쓰기

불러 주는 문장을 듣고 연습한 내용을 떠올리며 써 보세요.

①

②

③

④

⑤

⑥

⑦

⑧

⑨

⑩

칭찬해 주세요!		
잘했어요	훌륭해요	최고예요

불러 주는 문장을 듣고 연습한 내용을 떠올리며 써 보세요.

①

②

③

④

⑤

⑥

⑦

⑧

⑨

⑩

칭찬해 주세요!		
잘했어요	훌륭해요	최고예요

애벌레가 과일을 먹을 수 있게 선을 따라 그려 보아요.

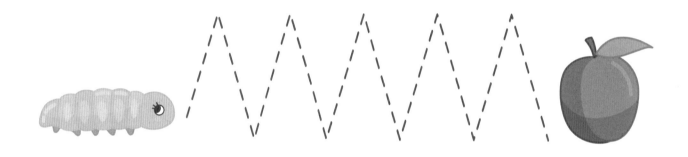

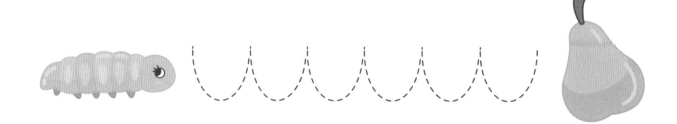

큰소리로 또박또박 읽어 보세요.

★ 3급 2단원 재미있게 ㄱㄴㄷ

1. 가 지
2. 나 무 딸 기
3. 도 토 리
4. 모 과
5. 노 란 　 레 몬
6. 복 숭 아
7. 사 과
8. 앵 두
9. 참 외
10. 그 네

읽었어요!

①	②	③	④

공부한 날 _____ 월 _____ 일

3급

가 지

나 무 딸 기

도 토 리

모 과

노 란   레 몬

복	숭	아				
사	과					
앵	두					
참	외					
그	네					

잘 듣고 받아쓰기

불러 주는 문장을 듣고 연습한 내용을 떠올리며 써 보세요.

1.
2.
3.
4.
5.
6.
7.
8.
9.
10.

칭찬해 주세요!		
잘했어요	훌륭해요	최고예요

3급

또박또박 받아쓰기

불러 주는 문장을 듣고 연습한 내용을 떠올리며 써 보세요.

①
②
③
④
⑤
⑥
⑦
⑧
⑨
⑩

칭찬해 주세요!		
잘했어요	훌륭해요	최고예요

자음자와 그 이름을 바르게 이어 보세요.

 ·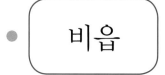

 · · 비읍

· · 기역

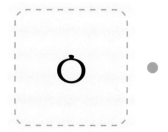 · · 시옷

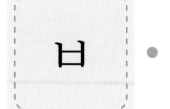 · · 이응

큰소리로 또박또박 읽어 보세요.

★ 4급 2단원 재미있게 ㄱㄴㄷ

❶	콩		
❷	포 도		
❸	토 마 토		
❹	호 박		
❺	저 고 리		
❻	치 마		
❼	주 머 니		
❽	가 방		
❾	고 라 니		
❿	재 미 있 게		

읽었어요!

①	②	③	④

공부한 날 _____ 월 _____ 일

29

콩

포 도

토 마 토

호 박

저 고 리

치 마

주 머 니

가 방

고 라 니

재 미 있 게

잘 듣고 받아쓰기

불러 주는 문장을 듣고 연습한 내용을 떠올리며
써 보세요.

1

2

3

4

5

6

7

8

9

10

칭찬해 주세요!		
잘했어요	훌륭해요	최고예요

4급 또박또박 받아쓰기

불러 주는 문장을 듣고 연습한 내용을 떠올리며
써 보세요.

①
②
③
④
⑤
⑥
⑦
⑧
⑨
⑩

칭찬해 주세요!		
잘했어요	훌륭해요	최고예요

33

동물농장 친구들이 하하호호 웃고 있어요. 그림의 서로
다른 부분 6개를 찾아보세요.

정답

★ 5급 3단원 다 함께 아야어여

1 도 라 지
2 고 구 마
3 기 차
4 구 름
5 오 소 리
6 하 마
7 여 우
8 코 스 모 스
9 웃 음 소 리
10 꼬 부 랑   할 머 니

읽었어요!			
①	②	③	④

공부한 날 _____ 월 _____ 일

도	라	지				
고	구	마				
기	차					
구	름					
오	소	리				

하마

여우

코스모스

웃음소리

꼬부랑 할머니

잘 듣고 받아쓰기

불러 주는 문장을 듣고 연습한 내용을 떠올리며
써 보세요.

①
②
③
④
⑤
⑥
⑦
⑧
⑨
⑩

칭찬해 주세요!		
잘했어요	훌륭해요	최고예요

5급

또박또박 받아쓰기

불러 주는 문장을 듣고 연습한 내용을 떠올리며 써 보세요.

①
②
③
④
⑤
⑥
⑦
⑧
⑨
⑩

칭찬해 주세요!		
잘했어요	훌륭해요	최고예요

아래 물건들을 가방에 담아 정리할 수 있게 선을 따라
그려 보아요.

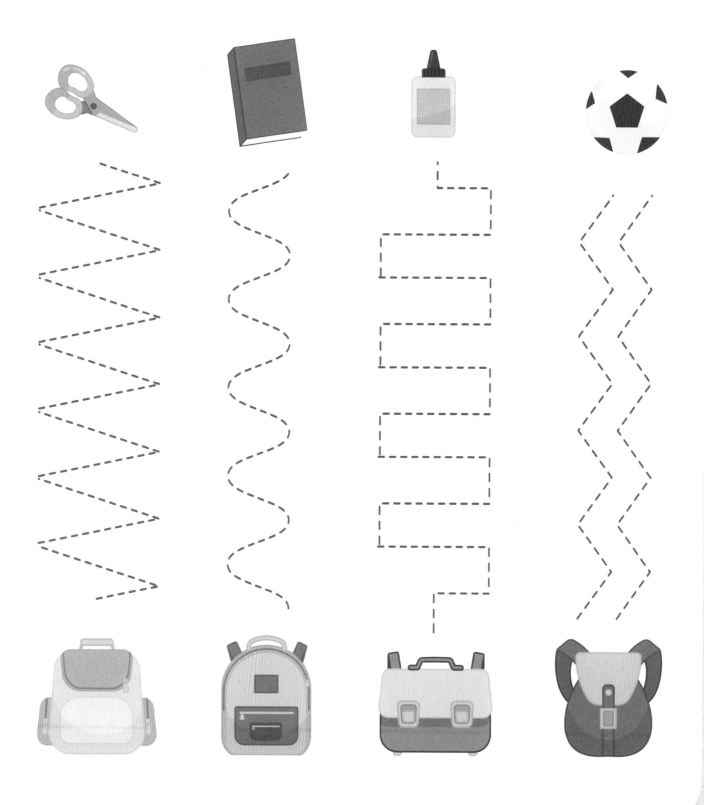

★ 6급 4단원 글자를 만들어요

❶ 우리 모두
❷ 다 같이
❸ 노래해
❹ 손뼉을
❺ 도시
❻ 우유
❼ 두루미
❽ 고추
❾ 끝나는
❿ 개나리

읽었어요!			
①	②	③	④

공부한 날 _____월 _____일

우 리　　모 두

다　　　같 이

노 래 해

손 뼉 을

도 시

우 유

두 루 미

고 추

끝 나 는

개 나 리

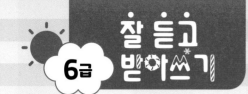

잘 듣고 받아쓰기

6급

불러 주는 문장을 듣고 연습한 내용을 떠올리며 써 보세요.

①

②

③

④

⑤

⑥

⑦

⑧

⑨

⑩

칭찬해 주세요!		
잘했어요	훌륭해요	최고예요

또박또박 받아쓰기

불러 주는 문장을 듣고 연습한 내용을 떠올리며 써 보세요.

1

2

3

4

5

6

7

8

9

10

아이들 밑에 있는 모음자와 같은 모음자를 풍선에서 찾아
연결해 보세요.

★ 7급 4단원 글자를 만들어요

1. 병아리
2. 잠자리
3. 머리
4. 코
5. 고마워요
6. 어두운
7. 걸어가면
8. 개굴개굴
9. 넘어질까 봐
10. 비추어 줘요.

읽었어요!

①	②	③	④

공부한 날 _____ 월 _____ 일

바른 자세로 하나하나 따라 써 보세요.

병 아 리

잠 자 리

머 리

코

고 마 워 요

어두운

걸어가면

개굴개굴

넘어질까 봐

비추어 줘요.

7급

잘 듣고 받아쓰기

불러 주는 문장을 듣고 연습한 내용을 떠올리며 써 보세요.

①
②
③
④
⑤
⑥
⑦
⑧
⑨
⑩

칭찬해 주세요!		
잘했어요	훌륭해요	최고예요

7급 또박또박 받아쓰기

불러 주는 문장을 듣고 연습한 내용을 떠올리며 써 보세요.

①
②
③
④
⑤
⑥
⑦
⑧
⑨
⑩

칭찬해 주세요!		
잘했어요	훌륭해요	최고예요

모음자와 그 이름을 선으로 이어 보아요.

 ㅔ •

•  에

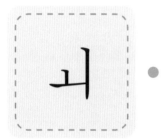 ㅚ •

•  외

 ㅓ •

•  왜

 ㅙ •

•  워

★ 8급 5단원 다정하게 인사해요

1 학굣길에 만나면
2 얘들아 안녕
3 헤어지기 전에
4 인사 나눕시다
5 반갑습니다.
6 안녕하세요?
7 어서 오렴.
8 냠냠 먹기 전에
9 싫어 싫어
10 집으로 갈 때도

읽었어요!

①	②	③	④

공부한 날 _____월 _____일

학굣길에 만나면

애들아 안녕

헤어지기 전에

인사 나눕시다

반갑습니다.

안녕하세요 ?

어서 오렴 .

냠냠 먹기 전에

싫어 싫어

집으로 갈 때도

잘 듣고 받아쓰기

불러 주는 문장을 듣고 연습한 내용을 떠올리며 써 보세요.

①
②
③
④
⑤
⑥
⑦
⑧
⑨
⑩

칭찬해 주세요!		
잘했어요	훌륭해요	최고예요

또박또박 받아쓰기

불러 주는 문장을 듣고 연습한 내용을 떠올리며 써 보세요.

①

②

③

④

⑤

⑥

⑦

⑧

⑨

⑩

칭찬해 주세요!		
잘했어요	훌륭해요	최고예요

동물 친구들이 좋아하는 먹이를 찾아 선을 이어 보세요.

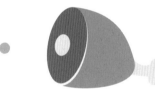

★ **9급** **6단원** **받침이 있는 글자**

① 손 수 건
② 줄 넘 기
③ 깡 충 깡 충
④ 폴 짝 폴 짝
⑤ 새 하 얀   솜 사 탕
⑥ 구 름   놀 이
⑦ 어 슬 렁 어 슬 렁
⑧ 예 쁜   꽃 이
⑨ 나 랑   같 이   놀 자 .
⑩ 아 이 , 깜 짝 이 야 .

읽었어요!			
①	②	③	④

공부한 날 _____ 월 _____ 일

손 수 건

줄 넘 기

깡 충 깡 충

폴 짝 폴 짝

새 하 얀　솜 사 탕

구름 놀이

어슬렁어슬렁

예쁜 꽃이

나랑 같이 놀자.

아이, 깜짝이야.

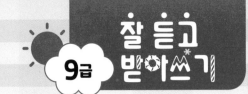

잘 듣고
받아쓰기

불러 주는 문장을 듣고 연습한 내용을 떠올리며
써 보세요.

①

②

③

④

⑤

⑥

⑦

⑧

⑨

⑩

칭찬해 주세요!		
잘했어요	훌륭해요	최고예요

9급

불러 주는 문장을 듣고 연습한 내용을 떠올리며
써 보세요.

①

②

③

④

⑤

⑥

⑦

⑧

⑨

⑩

칭찬해 주세요!		
잘했어요	훌륭해요	최고예요

바나나를 먹고 싶은 원숭이! 몇 번 길로 가면 될까요?

★ 10급 6단원 받침이 있는 글자

① 동동 아기 오리
② 못물 위에 둥둥
③ 화분
④ 칠판
⑤ 필통
⑥ 보름달
⑦ 글자동물원
⑧ 거꾸로
⑨ 꽂지 마시오
⑩ 탈출할 수도

읽었어요!

| ① | ② | ③ | ④ |

공부한 날 _____ 월 _____ 일

동동 아기 오리

못물 위에 둥둥

화분

칠판

필통

보름달

글자동물원

거꾸로

꽂지 마시오

탈출할 수도

①
②
③
④
⑤
⑥
⑦
⑧
⑨
⑩

칭찬해 주세요!		
잘했어요	훌륭해요	최고예요

10급

불러 주는 문장을 듣고 연습한 내용을 떠올리며
써 보세요.

❶

❷

❸

❹

❺

❻

❼

❽

❾

❿

칭찬해 주세요!		
잘했어요	훌륭해요	최고예요

그림에 알맞은 낱말을 선으로 이어 보세요.

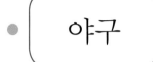
야구

요리사

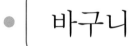
바구니

허수아비

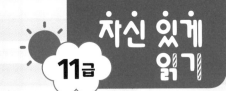
★ 11급 7단원 생각을 나타내요

1. 잠을 잡니다.
2. 책을 읽습니다.
3. 놀이터에서 놀아요.
4. 두꺼비가 콩쥐를
5. 물을 마십니다.
6. 이를 닦습니다.
7. 자라가 토끼를
8. 북을 칩니다.
9. 밧줄에 묶여
10. 용궁으로 갑니다.

읽었어요!			
①	②	③	④

공부한 날 _____월 _____일

잠을 잡니다.

책을 읽습니다.

놀이터에서 놀아요.

두꺼비가 콩쥐를

물을 마십니다.

이를 닦습니다.

자라가 토끼를

북을 칩니다.

밧줄에 묶여

용궁으로 갑니다.

불러 주는 문장을 듣고 연습한 내용을 떠올리며
써 보세요.

1

2

3

4

5

6

7

8

9

10

잘했어요	훌륭해요	최고예요

11급

불러 주는 문장을 듣고 연습한 내용을 떠올리며
써 보세요.

1

2

3

4

5

6

7

8

9

10

칭찬해 주세요!		
잘했어요	훌륭해요	최고예요

열기구를 따라 가며 선긋기 놀이해요.

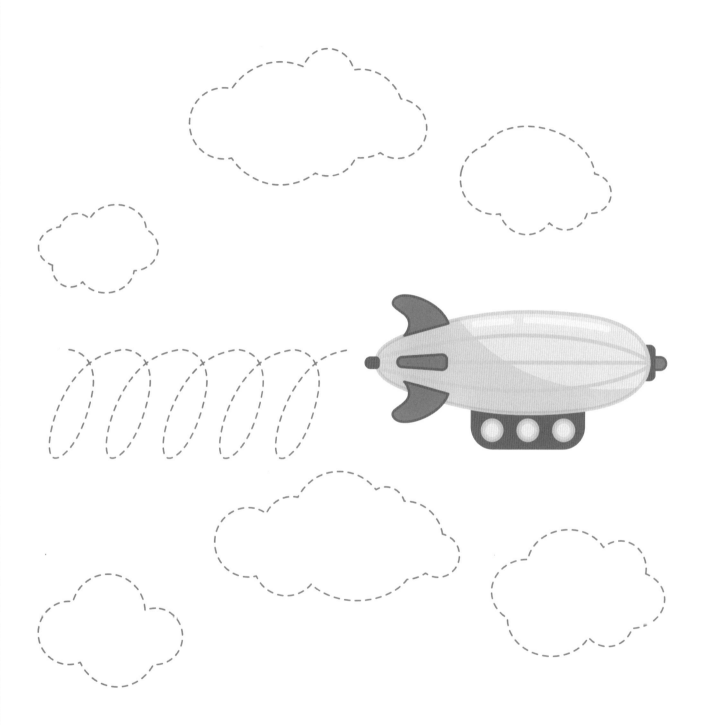

★ 12급 7단원 생각을 나타내요

1. 세수 안 해도
2. 주룩주룩 소낙비
3. 손바닥 위에
4. 작은 돌멩이
5. 꽃잎은 좋겠다
6. 풀밭에서
7. 껍데기 속으로
8. 꼼짝도 안 해요.
9. 만들어 주셨어요.
10. 움직이기 시작했어요.

읽었어요!

①	②	③	④

공부한 날 _____월 _____일

세 수 안 해 도

주룩주룩 소 낙 비

손 바 닥 위 에

작 은 돌 멩 이

꽃 잎 은 좋 겠 다

풀밭에서

껍데기 속으로

꼼짝도 안 해요.

만들어 주셨어요.

움직이기 시작했어요.

잘 듣고 받아쓰기

불러 주는 문장을 듣고 연습한 내용을 떠올리며
써 보세요.

①
②
③
④
⑤
⑥
⑦
⑧
⑨
⑩

칭찬해 주세요!		
잘했어요	훌륭해요	최고예요

불러 주는 문장을 듣고 연습한 내용을 떠올리며
써 보세요.

①
②
③
④
⑤
⑥
⑦
⑧
⑨
⑩

칭찬해 주세요!		
잘했어요	훌륭해요	최고예요

놀이터

그림을 보면서 빈 칸에 알맞은 표현을 써 보세요.

그림을 [　　　]

노래를 [　　　]

손을 [　　　]

물을 [　　　]

● 정답: 그리다 / 부르다 / 들다 / 주다

★ 13급 8단원 소리 내어 또박또박 읽어요

1. 내가 네 형님이냐?
2. 울고 계세요.
3. 잘 되었구나!
4. 꾀를 내어
5. 침착하게 대답했어요.
6. 꼭 전해 드려라.
7. 따뜻할 때
8. 놀러 올래?
9. 복실이예요.
10. 참 예쁘다!

읽었어요!			
①	②	③	④

공부한 날 _____ 월 _____ 일

내가 네 형님이냐?

울고 계세요.

잘되었구나!

꾀를 내어

침착하게 대답했어요.

꼭　전해　드려라 .

따뜻할　때

놀러　올래 ?

복실이예요 .

참　예쁘다 !

13급 찰 듣고 받아쓰기

불러 주는 문장을 듣고 연습한 내용을 떠올리며 써 보세요.

①
②
③
④
⑤
⑥
⑦
⑧
⑨
⑩

칭찬해 주세요!		
잘했어요	훌륭해요	최고예요

또박또박 받아쓰기

불러 주는 문장을 듣고 연습한 내용을 떠올리며 써 보세요.

①
②
③
④
⑤
⑥
⑦
⑧
⑨
⑩

칭찬해 주세요!		
잘했어요	훌륭해요	최고예요

놀이터

사다리를 타고 그림에 맞는 낱말을 찾아보아요.

우체국

소방시

약국

★ 14급 8단원 소리 내어 또박또박 읽어요

❶ 간지러워요.
❷ 빌려 달래요.
❸ 어디를 가든지
❹ 크레파스 써도 돼!
❺ 같이 가자.
❻ 정말 그럴까?
❼ 도망을 칩니다.
❽ 외투를 벗어야지
❾ 단단히 여며야겠군.
❿ 겨루어 볼까?

읽었어요!

| ① | ② | ③ | ④ |

공부한 날 _____ 월 _____ 일

89

간지러워요.

빌려 달래요.

어디를 가든지

크레파스 써도 돼!

같이 가자.

정말 그럴까?

도망을 칩니다.

외투를 벗어야지

단단히 여며야겠군.

겨루어 볼까?

14급 잘 듣고 받아쓰기

불러 주는 문장을 듣고 연습한 내용을 떠올리며 써 보세요.

①
②
③
④
⑤
⑥
⑦
⑧
⑨
⑩

칭찬해 주세요!		
잘했어요	훌륭해요	최고예요

불러 주는 문장을 듣고 연습한 내용을 떠올리며
써 보세요.

①

②

③

④

⑤

⑥

⑦

⑧

⑨

⑩

칭찬해 주세요!		
잘했어요	훌륭해요	최고예요

빈 칸에 알맞은 낱말을 찾아 연결해 보세요.

아이가 [ ] 웁니다.　　　　　•　　　　•　피아노

새롬이가 [ ] 을(를)
먹습니다.　　　　　•　　　　•　즐겁게

누나가 [ ] 을(를)
칩니다.　　　　　•　　　　•　수박

모두가 [ ]
놉니다.　　　　　•　　　　•　크게

★ 15급 9단원 그림일기를 써요

① 해님이 웃는 날
② 아침에 비가 왔다.
③ 세 번 굴렸는데
④ 더 연습해야겠다.
⑤ 바람이 시원한 날
⑥ 찰흙으로 토끼를
⑦ 숙제를 하고 잤다.
⑧ 깃발은 한 개만
⑨ 사과를 먹었어.
⑩ 칭찬받았다.

읽었어요!

①	②	③	④

공부한 날 _____ 월 _____ 일

해 님 이 　 웃 는 　 날

아 침 에 　 비 가 　 왔 다 .

세 　 번 　 굴 렸 는 데

더 　 연 습 해 야 겠 다 .

바 람 이 　 시 원 한 　 날

찰흙으로 토끼를

숙제를 하고 잤다.

깃발은 한 개만

사과를 먹었어.

칭찬받았다.

불러 주는 문장을 듣고 연습한 내용을 떠올리며 써 보세요.

❶

❷

❸

❹

❺

❻

❼

❽

❾

❿

칭찬해 주세요!		
잘했어요	훌륭해요	최고예요

불러 주는 문장을 듣고 연습한 내용을 떠올리며 써 보세요.

①

②

③

④

⑤

⑥

⑦

⑧

⑨

⑩

칭찬해 주세요!

잘했어요	훌륭해요	최고예요

해적 선장이 배로 돌아갈 수 있게 길을 찾아보아요.